À sœur Rania,

À Père Michel Hodée,

Copyright © Norah Custaud, 2022
Édition : BoD – Books on Demand, info@bod.fr
Impression : BoD – Books on Demand, In de
Tarpen 42, Norderstedt (Allemagne)
Impression à la demande
ISBN : 978-2-3224-5938-4
Dépôt légal : Octobre 2022

Norah Custaud

PRIÈRES
POUR LES VOCATIONS

*Les vocations naissent dans la prière
et de la prière, et elles ne peuvent persévérer et
porter du fruit que dans
la prière.*

Pape François

I

Marie,
Mère de Jésus Christ et Mère des
prêtres,
reçois ce titre que nous te donnons
pour célébrer ta maternité
et contempler près de toi le
sacerdoce de ton Fils et de tes fils,
Sainte Mère de Dieu !

Mère du Christ,
tu as donné au Messie Prêtre son
corps de chair par l'onction de
l'Esprit Saint
pour le salut des pauvres et des
hommes au cœur contrit ;
garde les prêtres dans ton cœur et
dans l'Église,
Mère du Sauveur !

Mère de la foi,
tu as accompagné au Temple le Fils
de l'homme,
accomplissement des promesses
faites à nos pères ;
confie au Père, pour sa gloire, les

prêtres de ton Fils,
Arche de l'Alliance !

Mère de l'Église,
au Cénacle, parmi les disciples, tu priais l'Esprit
pour le peuple nouveau et ses pasteurs ;
obtiens à l'ordre des prêtres la plénitude des dons,
Reine des Apôtres !

Mère de Jésus Christ,
tu étais avec Lui au début de sa vie et de sa mission,
tu l'as cherché, Maître parmi la foule,
tu l'as assisté,
élevé de terre, consommé pour le sacrifice unique éternel,
et tu avais près de toi Jean, ton fils ;
accueille les appelés du Seigneur lors de leurs premiers pas sur leur chemin,
protège leur croissance,
accompagne dans la vie et dans le ministère ceux qui sont tes fils,

ô toi, Mère des prêtres !

Amen !

> *Jean-Paul II, l'exhortation apostolique
> post-synodale Pastores dabo vobis*

II

Vers Toi, Seigneur, nous nous
tournons avec confiance !
Fils de Dieu,
envoyé par le Père aux hommes de
tous les temps
et de toutes les parties de la terre !
Nous T'invoquons par Marie,
ta Mère et notre Mère :
fais que les vocations ne manquent
pas dans l'Église,
en particulier celles de donation
totale à ton Royaume.

Jésus, unique Sauveur de
l'homme !
Nous Te prions pour nos frères et
sœurs
qui ont répondu "oui" à ton appel
au sacerdoce, à la vie consacrée et à
la mission.
Fais que leurs existences se
renouvellent de jour en jour,
et deviennent un vivant Évangile.

Seigneur miséricordieux et saint,
continue à envoyer de nouveaux ouvriers
à la moisson de ton Royaume !
Aide ceux que Tu appelles à Te suivre
en notre temps :
fais qu'en contemplant ton visage
ils répondent avec joie à la merveilleuse mission
que Tu leur confies pour le bien de
ton Peuple et de tous les hommes.
Toi qui es Dieu et vis et règnes
avec le Père et l'Esprit Saint
pour les siècles des siècles.

Amen.

Jean-Paul II, novembre 2003

III

Père saint et source de tout bien, Tu es le Maître de la vigne et de la moisson et Tu donnes à chacun en même temps que le travail la juste récompense.

Dans ton dessein d'amour, tu appelles les hommes à collaborer avec Toi pour le salut du monde. Nous te rendons grâces par Jésus-Christ, ta Parole vivante, qui nous a rachetés de nos péchés et reste parmi nous pour secourir notre pauvreté.

Guide le troupeau à qui tu as promis la possession du Royaume. Envoie de nouveaux ouvriers à ta moisson.

Communique au cœur des pasteurs fidélité à ton projet de salut, persévérance dans la vocation et sainteté de vie.

Christ Jésus, Toi qui, sur les rives de la mer de Galilée, as appelé les

Apôtres et les as constitués fondement de l'Église et porteurs de ton Évangile, soutiens dans le présent de l'histoire ton Peuple en chemin.

Donne courage à ceux que tu appelles à te suivre dans la voie du sacerdoce et de la vie consacrée, pour qu'ils puissent féconder le champ de Dieu de la sagesse de ta Parole.

Fais-en de dociles instruments de ton Amour dans le service quotidien de leurs frères.

Esprit de sainteté, Toi qui répands tes dons sur tous les croyants et particulièrement sur ceux que tu appelles à être ministres du Christ, aide les jeunes à trouver l'attrait de l'appel divin. Enseigne-leur l'authentique voie de la prière, qui se nourrit de la parole de Dieu.

Aide-les à scruter les signes des temps, pour être de fidèles interprètes de l'Évangile et des porteurs de salut.

Marie, Vierge de l'écoute et du Verbe fait chair en ton sein, aide-nous à être disponibles à la parole du Seigneur, pour que, écoutée et méditée, elle croisse en nos cœurs.

Aide-nous à vivre comme toi la béatitude des croyants et à nous consacrer avec une inlassable charité à l'évangélisation de tous ceux qui cherchent ton Fils.

Donne-nous de servir tout homme.

Fais de nous les artisans de l'écoute de la Parole pour qu'en lui demeurant fidèles, nous trouvions notre bonheur à la pratiquer. Amen !

Jean-Paul II, 1997

IV

Dieu tout puissant et éternel, daignez regarder le visage de votre Christ, L'éternel Souverain Prêtre, et, par amour pour Lui, ayez pitié de vos prêtres.

Souvenez-vous, ô Dieu miséricordieux, qu'ils ne sont que de faibles et fragiles créatures. Maintenez vivant en eux le feu de votre amour. Gardez-les près de vous pour que l'ennemi ne prévale pas contre eux et pour qu'ils ne soient jamais indignes de leur sublime vocation.

Ô Jésus ! Je vous prie pour vos prêtres fidèles et fervents, pour vos prêtres tièdes et infidèles ; pour vos prêtres qui travaillent proches de nous ou dans les missions lointaines pour vos prêtres qui subissent la tentation, pour vos prêtres qui souffrent de la solitude et du délaissement; pour vos jeunes prêtres, pour vos prêtres âgés ; pour vos prêtres infirmes ; pour vos prêtres agonisants ; pour les âmes de vos prêtres qui souffrent dans le purgatoire.

Mais surtout, je vous recommande les prêtres qui me sont les plus chers ; le prêtre qui m'a baptisé, ceux qui m'ont absous de mes péchés ; les prêtres aux messes desquels j'ai assisté et qui m'ont donné votre Corps et votre Sang dans la Sainte Communion ; les prêtres qui m'ont enseigné et instruit, m'ont encouragé et conseillé ; tous les prêtres auxquels me lie une dette de gratitude. O Jésus ! Gardez-les près de votre cœur et accordez-leur d'abondantes bénédictions pour le temps et pour l'éternité. Ainsi soit-il.

Cardinal Richard Cushing
(1895-1970)

V

Père de miséricorde,
qui as donné ton Fils pour notre
salut
et qui nous soutiens sans cesse par
les dons de ton Esprit,
donne-nous des communautés
chrétiennes
vivantes, ferventes et joyeuses,
qui soient source de vie fraternelle
et qui suscitent chez les jeunes
le désir de se consacrer à Toi et à
l'évangélisation.

Soutiens-les dans leur application
à proposer une catéchèse
vocationnelle adéquate
et différents chemins de
consécration particulière.

Donne la sagesse pour le nécessaire
discernement vocationnel,
afin qu'en tous resplendisse

la grandeur de ton Amour
miséricordieux.

Marie, Mère et éducatrice de Jésus,
intercède pour chaque communauté chrétienne,
afin que, rendue féconde par
l'Esprit Saint,
elle soit source de vocations authentiques
au service du peuple saint de Dieu.

Amen.

Pape François, 2016

VI

Ô Père, fais se lever parmi les chrétiens
de nombreuses et saintes vocations au sacerdoce,
qui maintiennent la foi vivante
et gardent une mémoire pleine de gratitude de ton Fils Jésus,
par la prédication de sa Parole
et l'administration des Sacrements,
par lesquels tu renouvelles continuellement tes fidèles.

Donne-nous de saints ministres de ton autel,
qui soient d'attentifs et fervents gardiens de l'Eucharistie,
sacrement du don suprême du Christ pour la rédemption du monde.

Appelle des ministres de ta miséricorde, qui dispensent la joie de ton pardon par le sacrement de la Réconciliation.

Ô Père, fais que l'Église accueille
avec joie les nombreuses
inspirations de l'Esprit de ton Fils
et, qu'en étant docile à ses
enseignements,
elle prenne soin des vocations au
ministère sacerdotal
et à la vie consacrée.

Soutiens les évêques, les prêtres,
les diacres,
les personnes consacrées et tous les
baptisés dans le Christ,
afin qu'ils accomplissent fidèlement
leur mission
au service de l'Évangile.

Nous te le demandons par le Christ
notre Seigneur. Amen.

Marie, Reine des Apôtres, prie pour
nous !

Benoît XVI, 2006

VII

Ô mon Jésus, je te prie pour toute
l'Église, accorde-lui l'amour et la
lumière de ton Esprit, donne
vigueur aux paroles des prêtres, de
sorte que les cœurs endurcis
s'attendrissent et reviennent à toi,
Seigneur.

Ô Seigneur, donne-nous de saints
prêtres ;
conserve les toi-même dans la
sainteté.
Ô Divin et Souverain Prêtre,
que la puissance de ta miséricorde
les accompagne partout et les
défende
des embûches que le diable
tend continuellement aux âmes des
prêtres.

Que la puissance de ta miséricorde,
ô Seigneur, brise et anéantisse
tout ce qui peut obscurcir leur

sainteté
puisque tu peux tout.

Mon Jésus très aimé,
je te prie pour le triomphe de
l'Église,
pour que tu bénisses le Saint Père
et tout le clergé ;
pour obtenir la grâce de la
conversion
des pécheurs endurcis dans le
péché ;
pour une bénédiction et une
lumière spéciale,
je t'en prie, Jésus, pour les prêtres
auprès de qui je me confesserai au
cours de la vie.

Sainte Faustine Kowalska (1905-1938)

VIII

Seigneur donne-nous des Prêtres !
Lance ton appel au
long des routes, dans les foyers où
ton Nom est béni.
Des enfants répondront, remplis de
ta lumière dans un
« oui » d'abandon à ta main de
tendresse.
Donne-nous des prêtres, dont l'âme
soit de feu, qui
sauront ranimer ceux qui n'en
peuvent plus ;
des prêtres, qui chaque matin
éveillent l'aurore et font
chanter l'espérance, dont la
jeunesse de cœur,
toujours renouvelée au souffle de
l'Esprit, entraînera
les cœurs découragés ;
des prêtres qui diront le pardon qui
relève, dont les
mains s'ouvrent pour accueillir
toute souffrance dans

un monde qui ne connaît pas assez
la force de la Foi et
la douceur de Dieu.
Que viennent des foyers où la vie est
aimée et où sera
entendu ton appel, Seigneur.
Amen.

Abbé Henri Lafourcade (1910-1990)

IX

Éclairés et encouragés par ta Parole, nous te prions, Seigneur, pour ceux qui ont déjà répondu à ton appel et qui en vivent maintenant.

Pour tes évêques, tes prêtres, tes diacres; également pour les religieux, Frères et Sœurs, qui te sont consacrés ; et encore pour tes missionnaires et pour ces laïcs généreux qui œuvrent dans les ministères institués ou reconnus par la sainte Église. Soutiens-les dans les difficultés, réconforte-les dans leurs souffrances, assiste-les dans leur solitude, protège-les dans la persécution, affermis-les dans la fidélité !

Nous te prions, Seigneur, pour ceux qui commencent à ouvrir leur esprit à ton appel, ou qui déjà se préparent à le suivre. Que ta Parole les éclaire, que ton exemple les entraîne, que ta grâce les guide jusqu'aux ordres sacrés, jusqu'aux vœux religieux, jusqu'à l'envoi missionnaire.

Que ta Parole, Seigneur, les guide tous et les soutienne, afin qu'ils sachent orienter, conseiller et aider leurs frères avec cette force de conviction et d'amour que tu possèdes et que seul tu peux communiquer.

Confiant dans l'action de Dieu, « qui produit en nous le vouloir et le faire en vue de ses bienveillants desseins » (Ph 2, 13), nous vous adressons à tous de grand cœur, et en particulier à ceux qui se préparent dans la prière et l'étude à collaborer plus directement à l'annonce de l'Évangile, en gage d'encouragement, notre bénédiction apostolique.

Paul VI, 1978

X

Seigneur Jésus-Christ, Bon Pasteur de nos âmes, Toi qui connais tes brebis et sais comment rejoindre le cœur de l'homme, ouvre l'esprit et le cœur de ces jeunes qui cherchent et attendent une parole de vérité pour leur vie ; fais-leur comprendre que c'est seulement dans le mystère de ton Incarnation qu' ils trouveront la pleine lumière ; réveille le courage de ceux qui savent où chercher la vérité, mais craignent que ta demande ne soit trop exigeante ; mets en mouvement l'âme de ces jeunes qui voudraient Te suivre, mais qui ensuite ne savent pas surmonter les incertitudes et les peurs, et finissent par suivre d'autres voies et d'autres sentiers sans débouché.

Toi, qui es la Parole du Père, Parole qui crée et qui sauve, Parole qui illumine et qui soutient les cœurs, triomphe par ton Esprit des résistances et des atermoiements des âmes indécises ; suscite chez ceux que Tu appelles le courage de la réponse d'amour : "Me voici, envoie-moi !" (Is. VI, 8).

Vierge Marie, jeune-fille d'Israël, soutiens de ton amour maternel ces jeunes à qui le Père fait entendre sa parole ; soutiens ceux qui sont déjà consacrés. Qu'ils répètent avec toi le OUI d'un don de soi-même joyeux et irrévocable.

Amen.

Jean-Paul II, 8 septembre 1992

XI

Seigneur Jésus, Souverain Prêtre et Pasteur universel, qui nous avez enseigné à prier en disant : "Priez donc le maître de la moisson d'envoyer des ouvriers à sa moisson", écoutez avec bienveillance nos supplications et suscitez en grand nombre des âmes généreuses, qui, animées par votre exemple et soutenues par votre grâce, aspirent à être les ministres et les continuateurs de votre vrai et unique sacerdoce. Faites que les embûches et les calomnies de l'ennemi mauvais, aidé par l'esprit indifférent et matérialiste de ce siècle, n'obscurcissent pas chez les fidèles la sublime splendeur et la profonde estime reconnues à la mission de ceux qui, sans être du monde, vivent dans le monde pour être les dispensateurs des divins mystères.

Faites que pour préparer de bonnes vocations, on continue toujours à donner à la jeunesse l'instruction religieuse, une formation à une piété sincère, à la pureté des mœurs et au culte du plus haut idéal.

Faites que pour collaborer à cette œuvre la famille chrétienne ne cesse jamais d'être une pépinière d'âmes pures et ferventes, consciente de l'honneur de donner au Seigneur quelques-uns de ses nombreux rejetons.

Faites que votre Église ait dans toutes les parties du monde les moyens nécessaires pour accueillir, favoriser, former et conduire à terme les bonnes vocations qui s'offrent à elle.

Et pour que tout cela devienne une réalité, ô Jésus, qui désirez tant le bien et le salut de tous, faites que la puissance irrésistible de votre grâce ne cesse de descendre du ciel jusqu'à être dans de nombreux esprits tout d'abord un appel silencieux, puis une généreuse réponse, et, enfin, une persévérance dans votre service.

Ne souffrez-vous pas, Seigneur, de voir tant de multitudes, telles des troupeaux sans pasteur, sans personne qui rompe pour elles le pain de votre parole, qui leur présente l'eau de votre grâce, risquer ainsi d'être à la merci des loups rapaces qui les menacent continuellement ?

Ne souffrez-vous pas de contempler tant de champs où ne s'est pas encore enfoncé le soc de la charrue, où croissent, sans que quelqu'un leur dispute le terrain, les chardons et les ronces ?

N'éprouvez-vous pas de la peine à considérer tant de vos jardins, hier verts et touffus, près de jaunir et devenir incultes ? Permettrez-vous que tant de moissons déjà mures s'égrènent et se perdent, faute de bras qui les récoltent ?

Ô Marie, Mère toute pure, dont les mains pleines de pitié nous ont donné le plus saint de tous les prêtres, ô glorieux Patriarche saint Joseph, exemple parfait de réponse aux appels divins, ô saints prêtres, qui formez au ciel autour de l'Agneau de Dieu un chœur privilégié,

obtenez-nous en grand nombre de bonnes vocations, afin que le troupeau du Seigneur, soutenu et guidé par des pasteurs vigilants, puisse arriver aux très doux pâturages de la félicité éternelle.

Amen.

Pie XII, 6 novembre 1957

XII

Seigneur, vous avez usé envers moi d'un tel excès de bonté que vous m'avez choisi parmi un si grand nombre d'autres pour vous servir dans votre maison, au milieu de vos plus intimes serviteurs. Je comprends combien j'en suis indigne.
Me voilà : Je veux correspondre à tant d'amour, je veux vous obéir. Puisque vous avez été si libéral pour moi que de m'appeler quand je ne vous cherchais pas, quand j'étais si ingrat, ne permettez pas que j'aie envers vous maintenant cette autre ingratitude extrême de vous abandonner, vous qui, pour l'amour de moi, avez donné votre sang et votre vie, et cela pour me rejoindre à un monde où par le passé j'ai perdu si souvent votre grâce et compromis mon salut. Puisque vous m'avez appelé, donnez-moi la force de vous obéir.

J'en ai déjà fait la promesse, je la renouvelle aujourd'hui : mais, sans la grâce de la persévérance, je ne pourrais vous rester fidèle. C'est cette grâce que j'implore de vous et c'est par vos mérites que j'y prétends et que je l'espère. Donnez-moi le courage de vaincre les passions de la chair par lesquelles le démon compte me rendre infidèle. Je vous aime, mon Jésus, je me consacre tout à vous.

Je vous appartiens déjà et je veux vous appartenir toujours. Marie, ma Mère et mon espoir, vous êtes la mère de la persévérance ; cette grâce ne s'obtient que par vous, obtenez-là moi ; je me confie en vous.

Ainsi soit-il.

Saint Alphonse de Liguori (1696-1787)

XIII

Au nom du Père, du Fils et du Saint-Esprit. Que notre Seigneur vous bénisse et vous garde ; qu'il vous découvre son Visage et vous prenne en pitié ; qu'il tourne vers vous son Visage et vous donne la Paix. A vous mes sœurs et mes filles, à toutes celles qui viendront après vous et qui resteront en notre compagnie, et à toutes les autres qui persévéreront dans tout notre Ordre, jusqu'à la fin, en cette sainte pauvreté. Moi, Claire, servante du Christ et petite plante de notre Père saint François, moi qui suis, bien qu'indigne, votre sœur et votre mère, et la sœur et la mère de toutes les autres Pauvres Dames, je prie notre Seigneur Jésus-Christ, par sa miséricorde, par l'intercession de sa sainte Mère Marie, de saint Michel archange et de tous les saints anges de Dieu et de tous les saints et saintes de Dieu. Que le Père des cieux réalise et confirme pour vous, au ciel et sur la terre, cette très sainte Bénédiction ; sur la terre, en vous faisant croître en grâce et en vertus parmi ses serviteurs et servantes de la chrétienté militante ; au ciel, en vous y accueillant dans sa gloire avec les saints et les saintes de la chrétienté triomphante. Je vous bénis autant que je le puis et plus que je le puis, maintenant durant ma vie et ensuite après ma mort, de toutes les bénédictions que le Père des miséricordes a conférées et conférera au ciel et sur la terre à ses fils et à ses filles dans l'Esprit, et de toutes les bénédictions qu'un Père spirituel ou une mère spirituelle ont pu conférer à leurs enfants spirituels et leur conféreront encore. Demeurez toujours les amies de Dieu, les amies de vos âmes et de toutes vos sœurs, et soyez toujours attentivement fidèles aux promesses que vous avez faites au Seigneur. Que le Seigneur soit toujours avec vous, et puissiez-vous être, vous aussi, toujours avec Lui ! Amen.

*Sainte Claire d'Assise (**1193-1253**)*

XIV

Père infiniment saint, tous Tes enfants sont appelés par Toi à être saints, mais il en est que Tu invites à imiter plus étroitement la vie de ton Fils.

Accorde à ceux que Tu veux Te consacrer d'être dans ton Église et pour le monde les signes du Royaume à venir.

Amen.

Pape François, 28 août 2013

XV

Seigneur Jésus, présent au Très Saint Sacrement, tu as voulu rester présent parmi nous au moyen de tes Prêtres, fais que leurs paroles ne soient que les tiennes, que leurs gestes soient les tiens, que leur vie soit un reflet fidèle de la tienne.

Qu'ils soient les hommes qui parlent à Dieu des hommes et parlent aux hommes de Dieu. Qu'ils ne soient pas craintifs dans le service, en servant l'Église comme elle veut être servie.

Qu'ils soient des hommes, des témoins de l'éternel dans notre temps, en marchant par les sentiers de l'histoire du même pas que toi et en faisant le bien à tous.

Qu'ils soient fidèles à leurs engagements, jaloux de leur vocation et de leur donation, de clairs miroirs de leur identité propre et qu'ils vivent dans la joie du don reçu.

Je te le demande par Sainte Marie ta Mère : Elle a été présente dans ta vie et sera toujours présente dans la vie de tes prêtres.

Amen !

Benoît XVI, 2008

XVI

Ô Jésus, Pasteur éternel des âmes ! Daigne regarder avec des yeux miséricordieux cette part de Ton troupeau bien-aimé. Seigneur, nous gémissons comme des orphelins. Donne-nous des Vocations. Donne-nous de Saints Prêtres et de Saints Religieux.

Nous Te le demandons par l'intercession de Sainte Marie de Guadalupe, Ta douce et sainte Mère.

Ô Jésus, donne-nous des Prêtres et des Âmes consacrées selon ton Cœur !

Ainsi soit-il.

Mgr Luis Maria Martinez (1881-1956)

XVII

C'est à Vous, ô mon Dieu, à qui je dois m'adresser pour me déterminer selon votre Volonté. Je suis venu ici pour prendre conseil de Votre divine Sagesse. Détruisez en moi tous les attachements mondains qui me suivent partout. Que je n'ai plus, dans l'état que je choisirai pour toujours, d'autres vues que celles de Vous plaire, et comme, dans la situation ou je suis, il m'est impossible de rien décider et que je sens pourtant que Vous voulez quel qu'autre chose de moi que mes incertitudes, je vais, Seigneur, me découvrir sans déguisement à vos Ministres.

Faites, par Votre sainte Grâce, que je trouve un Ananias qui me découvre le véritable chemin comme à Saint Paul. Je suivrai ses conseils comme vos Commandements. Ne permettez pas, mon Dieu, que je sois trompé. Je mets toutes mes espérances en Vous.

Ainsi soit-il.

Père Claude Poullart des Places
(1679-1709)

XVIII

Ô Christ Jésus, Verbe Incarné, Fils bien aimé du Père, Prêtre et victime, Hostie immaculée, accomplissez en moi comme en vous, sur moi comme sur vous, votre sacerdoce et votre sacrifice.

Fils bien aimé, Prêtre pour l'éternité, pardonnez-moi, purifiez-moi, fortifiez-moi, par l'Esprit de Sainteté transformez-moi entièrement en votre ressemblance, et conformez-moi toute à vous : Fils et Prêtre, victime et Hostie. Que jamais je ne vous résiste, mais que toujours, par cet Esprit de Sainteté, je m'abandonne dans la foi, la confiance et l'amour, à votre sacerdoce, préparant, offrant, et consommant en moi son sacrifice.

Ô Christ Jésus, Fils et Prêtre, Hostie immaculée, par l'Esprit Saint prenez tellement ma vie en la vôtre, et répandez si pleinement votre vie en la mienne que, selon la volonté du Père, je ne vive plus qu'en votre vie, que ma vie ne soit plus que la vôtre qu'ainsi le Père ne voie plus en moi que vous, son Fils bien aimé, et que par vous et en vous, Il me reçoive de plus en plus en Lui.

Vivez et agissez en moi, aimez et priez en moi, expiez et réparez en moi, louez et rendez grâce en moi, bénissez et adorez en moi, ainsi que vous l'avez fait avec une infinie perfection d'amour et d'obéissance depuis le sein très pur de la Bienheureuse Vierge Marie, en laquelle vous avez assumé notre nature passible et mortelle jusque sur la Croix très amère sur laquelle, par l'Esprit d'amour, vous vous êtes immolé vous-même en répandant volontairement tout votre Précieux Sang, dans d'indicibles souffrances d'âme et de corps pour nous rendre, purifiés et sanctifiés en vous, participants de la nature et de la vie divines, et nous introduire, assumés en vous, le Fils bien aimé, dans le sein du Père, plénitude infinie de l'ineffable mystère. Amen.

Sœur Marie de la Trinité (1903-1980)

XIX

Ô Jésus, nous T'en prions, règne dans le cœur des Prêtres : que ton Amour pénètre librement au plus intime de leur cœur et qu'ils soient livrés tout entiers à ton Amour. Donne-leur un zèle ardent pour étendre ton Règne et plonger la terre entière dans le brasier de ton Amour. Qu'ils se rapprochent de Toi pour Te consoler et Te protéger des blessures que T'infligent les Prêtres qui se sont égarés loin de Toi.

Ô Marie, protège ceux dont Tu es la Mère, jette sur eux Ton regard compatissant, aide-les à vaincre tous les obstacles qu'il leur faudra surmonter.

Ô Jésus, apprends-nous à T'aimer pour les Prêtres qui ne T'aiment pas assez et reçois le don de nos vies pour que nous devenions, à la suite de Van, une force vitale pour tes

Prêtres, particulièrement pour les Prêtres de France.

Ainsi soit-il.

Marcel Van (Vietnam, 1928-1959)

XX

Un prêtre doit être :
À la fois grand et petit,
Noble d'esprit, comme de sang royal,
Simple et naturel, comme de souche paysanne,
Un héros dans la conquête de soi,
Un homme qui s'est battu avec Dieu,
Une source de sanctification,
Un pécheur pardonné,
De ses désirs le maître,
Un serviteur pour les timides et les faibles,
Qui ne s'abaisse pas devant les puissants,
Mais se courbe devant les pauvres,
Disciple de son Seigneur,
Chef de son troupeau,
Un mendiant aux mains largement ouvertes,
Un porteur de dons innombrables,
Un homme sur le champ de bataille,

Une mère pour réconforter les malades,
Avec la sagesse de l'âge,
Et la confiance de l'enfant,
Tendu vers le haut,
Les pieds sur la terre,
Fait pour la joie,
Connaissant la souffrance,
Loin de toute envie,
Clairvoyant,
Parlant avec franchise,
Un ami de la paix,
Un ennemi de l'inertie,
Constant à jamais...
Si différent de moi !

Manuscrit du Moyen Âge de Salzbourg

XXI

Seigneur Jésus, je vous confie tous les prêtres âgés et malades, les prêtres souffrants de la solitude, les prêtres découragés, les prêtres tentés et éprouvés, les jeunes séminaristes.

Protégez-les de la tentation de l'esprit du monde et gardez-les dans la fidélité de leur sacerdoce.

Donnez-leur le courage, la joie et l'enthousiasme afin de bien accomplir leurs missions pour les fidèles auprès desquels ils sont appelés.

Qu'ils soient de véritables témoins de votre Amour et de votre Miséricorde parmi nous, pour qu'à leur tour ils puissent susciter de nouvelles vocations pour votre sainte Église.

Ainsi soit-il.

XXII

Seigneur nous te rendons grâce pour tous les consacrés que tu as appelés du monde entier pour vivre dans la pauvreté, la chasteté et l'obéissance.

Donne-leur la vraie générosité pour continuer à suivre ton Appel, et accorde-leur la grâce de persévérance afin de surmonter tous les obstacles à leur vocation.

Nous te prions pour que d'autres personnes entendent cet Appel à tout quitter pour te suivre.

Donne aussi aux parents la foi et l'esprit du sacrifice qui leur permettront d'accepter le choix de leurs enfants, lorsqu'un des leurs est appelé à la vie religieuse.

Que Marie, mère de l'Église et notre Mère, les comble de sa sainteté et les soutienne par sa fidélité infaillible au Christ, son fils, notre Sauveur.

Amen.

XXIII

Ô Seigneur, accorde aux prêtres catholiques qui souffrent la persécution à cause de ton nom, l'esprit de patience et d'espérance notamment ceux qui sont en Afrique, en Asie et aussi au Moyen Orient.

Donne ta force à ces prêtres persécutés, emprisonnés et violentés pour qu'ils restent fidèles à leur amour du Christ (1 Pierre 4, 12-14).

Que le témoignage de la souffrance de ces prêtres apporte la lumière du salut à leurs bourreaux et à leurs persécuteurs.

Seigneur, nous te prions pour que ces prêtres soient enfin libres pour qu'ils vivent librement leur foi et pour qu'ils puissent continuer à te servir auprès de leurs frères et leurs sœurs dans le Christ.

Amen.